... Ô, Femmes ...

Fol Amor

… Ô, Femmes …

Poésie, nouvelle, essai

© 2024 Fol Amor

Édition : BoD • Books on Demand GmbH, In de Tarpen 42, 22848 Norderstedt (Allemagne)
Impression : Libri Plureos GmbH, Friedensallee 273, 22763 Hamburg (Allemagne)

ISBN : 978-2-3225-3289-6
Dépôt légal : Septembre 2024

... Ô, Femmes...

Je vous aime ...
Pour autant que je me souvienne, du plus loin possible en fait, cette évidence me taraude et obnubile mon esprit ...
Je vous aime ...
Ce n'est certes pas juste ce constat qui m'amène à vous l'écrire mais de toutes les choses passées à vos côtés, physiques ou éthérées, la seule qui présente une vérité absolue est celle-ci : je vous aime ...
Alors je vous aime vous, vous, et vous encore, et peut-être vous, et certainement vous, et vous, oh oui vous ! ... et toutes celles qui voudront bien se reconnaître en vous, et toutes celles qui malgré mes efforts ne s'y reconnaîtront pas, et toutes celles inexistantes qui parachèveront ce constat, enfin vous et tellement d'autres qu'il faudrait bien plus que ces quelques lignes pour en finir la liste ...
Je vous aime alors comme tous ces mots qui vont venir sublimer cet axiome, paraphraser cet édit, conjuguer cet élan, et tenter de faire de vous l'icône de ce monde en perdition ...

*

Mon temps s'est abreuvé de cette envie tant qu'il a pu et tente encore de s'y confondre. Peine dévolue à la solitude, vous n'êtes plus si soudainement présente, du matin jusqu'au soir, première et dernière de mes jours. Je n'en désespère pas pour autant ! Je vous sais là, en attente du retour de mon âge, prêtes à reprendre la flamme de la conquête amoureuse. Je vous sais attentives aux soubresauts de ces envies fugaces qui précèdent les instants partagés. Certes la fougue ne sera pas si intense mais je gage qu'une part d'insouciance retrouvée nous sera suffisante. Et qui peut présager de la jouvence possible lors qu'une idylle apparaît !! Car tant que la mémoire est encore mienne, le souvenir qui m'en vient, est à nul autre pareil. Ces mains qui se croisent, ces instants sublimés par les paroles, les désirs d'abord retenus puis les actes parfois, tous ces moments, enivrants, follement fou et éternels, dont vous m'avez permis la tenue, restent en mon cœur et en mon âme. Et s'il n'y avait qu'une seule raison pour vous rendre cet hommage, chaque homme sur cette terre devrait s'il en est suffisamment conscient, vous en remercier tant l'implication que vos vies mettent à soulager celle des autres est évidente et se fait souvent à vos dépends. Alors vous dire que je vous aime paraît bien dérisoire en regard de ce sacerdoce involontaire. C'est le moins que je puisse faire !

Et en appeler à mes pairs, et les pairs de leurs pairs, d'user de leurs talents pour conjuguer à l'infini l'amour que l'on vous doit, m'en paraît tout aussi évident ! Ce souvenir d'ailleurs ... Qu'il était doux ce temps de l'insouciance !! Doux à vous contempler, vous découvrir, avoir le temps pour le faire et ne pas le devoir à une autre vertu. S'aimer de rien, s'aimer de tout tant nos « tout » n'étaient rien. Finalement les moments les plus précieux de nos existences car très peu interférés par la profusion des besoins. Le peu nous contentait tant qu'il était de l'un et l'autre. Quelle leçon de vie ...

*

Je vous aime donc ... Et comme je ne suis tenu à aucune prochaine exécution de cette sentence (douce je vous rassure !!) je puis sans vergogne continuer à vous parler d'amour. Car ce qui est intéressant, lors que j'exerce mes talents de scribouillard pour le faire c'est que demain, nul besoin de me trouver à vos côtés pour parfaire mes illusions ! Nul besoin non plus de continuer l'enrichissement de la flamme dont vous êtes si friandes ! Je me tiendrai toujours à cette distance de plume qui me permet de venir le soir jusque dans vos réduits sans que vous deviez souffrir de ma présence physique. Gage singulier et peut-être quelque peu frustrant mais tellement gratifiant pour un amant éthéré ! Et j'espère m'y tenir pour un bon temps ! J'y verrai là la récompense de mon travail ! Me savoir pour quelques temps encore, effleuré par pages interposées et me trouver à titiller vos méninges, me satisfera l'ego. Lors, en ces moments de profondes lectures, je vous parlerai d'amour. Sans retenues, sans à priori, sans garde-fou non plus ce qui m'a valu par le passé quelques vilaines fêlures, mais jamais sans sincérité. Je vous parlerai comme je sais que vous aimez que l'on vous parle. En touchant votre âme plutôt que votre cœur et devenir un compagnon de souvenir plus qu'une éphéméride. Certes je ne me prétends pas plus fort que mes compères et je jouis en matière de misogynie de la même dose à quelques onces près. Mais je leur prétends tout de même une volonté farouche de vous reconnaître un manque de salut de notre part et de tout faire pour, si ce n'est y remédier, au moins amorcer l'envie de le faire. En cela, ce devoir est l'une des raisons qui me font écrire ce recueil. Contenter votre âme par un petit rien de merci, ce met si rare que nos sociétés s'empressent d'oublier. Je vous aime donc pour « merci » et pour « pardon » s'il est possible ...

*

Voici donc « Ô ... Femmes ... ». Un recueil de mots avant tout. Mis en forme de façon plus ou moins classiques, plus ou moins singulières, délivrant mes seules vérités qui j'espère vous toucheront, et, comme à mon habitude, dans un désordre ordonné. Je l'ai voulu comme un patchwork, reprenant parfois dans des endroits incongrus l'idée d'une autre phrase, la suite d'une autre strophe, se coupant d'un mot à l'autre et vous permettant un puzzle qui vous reconnaîtra. Et comme je vous aime, j'y ai mis tout ce qui pourra sublimer cet édit. Rassurez-vous, une lecture classique est tout à fai possible mais j'ose prétendre que la poésie se joue du classicisme. Car oui, vous y retrouverez ma nature profonde, la poésie y est de mise ! Et s'il est un moyen de ne pas vous perdre dans ce fatras de mots, suivez mes pas de poète ! Et avant de vous laisser vous délecter de ce nouveau menu (référence quand tu nous tiens !!) je tiens à rendre à Julien ce qui lui appartient. J'y tient pour deux choses : l'une pour, si peu évidente qu'elle soit, me garantir d'un éventuel retour de droits qui serait tout à fait logique tant la chanson du titre de notre illustre ménestrel transpire à la première vue, l'autre pour autant, l'hommage que je dois à ma mère, pionnière de cet incommensurable amour, et fan incontournable de l'artiste sus-suggéré. Femmes, je vous aime, toutes et toutes, tant et tant, qu'une chanson n'y suffirait pas ... Merci de me tenir entre vos mains et bonne lecture ...

Fol Amor

Un peu de poésie ...

Ô Femmes ... etc ...

Je vous aime, je vous nuis,
Je vous désire et soupire,
Je vous honore et vous opprobre,
Je vous sublime et vous ternis.
Je lance mes vœux à l'infini
De tenir vos sens assouvis.
Je tiens une année et un jour,
Je tiens une seconde et une ère,
A célébrer tout vos amours
Et resombrer dans mes misères.
Je tiens à vous et vos atours.
Je tiens pour eux toutes les guerres,
A me battre inutile et gourd,
Et me confondre dans mes hivers...
Et lors triomphante et sublime,
Vous parsemez à l'alentour
Le peu de vous qui vous plaît.
« Je » reste pantois en vos velours,
Désœuvré dans son abîme,
A n'avoir su vous aimer...

Fol Amor

Mon illustre inconnue

Et si je commençais par toi ?
Si je commençais par ces fois-là
Ces histoires de toi
Ou tu n'étais pas ...
Si je commençais par l'absence
Par les instants rêvés
Sublimés par nos soins
Ou je caressais tes mains.
Si je commençais par les rêves
Ceux qui m'emportent au lieu-dit
De la divine souffrance
Et des amours maudites.
Si je commençais par la fin
Ce que je n'ai jamais eu
Lors que nos regards se croisent
Mon illustre inconnue.

J'ai donc commencé par toi
Toi qui ne fut pas
Ni ailleurs, ni là,
Mon illustre inconnue ...

Fol Amor

Cette douceur de l'aube

Là...

Juste là...

Ces instants,

Cette douceur de l'aube...

Là...

Juste là...

Ces premiers vœux éclos

A la lueur du jour

Ces doux moments précieux

Ou vos puretés s'éveillent.

Là...

Juste là...

Glorifiant votre essence

Votre infinie bonté

Lors qu'elle est encore vierge

De tout le joug des temps.

Là...

Juste là...

Juste avant le toucher

Juste avant la sentence

La langueur de l'épreuve

A jamais ressasser...

Juste avant d'être vous...

Là...

Juste là...

Entre les rêves et l'oubli

Cet instant d'être...

Une femme...

Fol Amor

Le miroir

Et mon regard se pose
Sur ce temps qui me reste,
Insalubre,

A creuser mes sillons,
A porter mes fardeaux,
A me suffire de rien,
A me suffire de tout
Et pleurer mes instants
Si courts et si légers
Au bon goût de bonheur.

Et mon regard s'ose
Sur mes contours désœuvrés,
Incrédule,

A penser mes amours,
A porter leurs fardeaux,
A me souffrir de tout,
A me souffrir de rien
Et pleurer mes moments
Si forts et si présents
Ou je contrais le sort

Le miroir assagi
Ne renvoie plus d'aigreurs
Il s'arrange pour l'heure
De mes traits amoindris
Fier de l'orgueil, subtil,
De l'image heureuse
D'une femme sublimée
Aux traces indélébiles

Fol Amor

Ce devoir de femme

Prier Dieu,
Comme ils partent.

Prier, prier pour le salut.
Une fois le devoir,
Mille fois le devoir.
Aussi loin qu'elle le peut.

Prier Dieu,
Comme ils vivent.

Prier, prier pour leurs vies.
Une fois le lien tissé,
Une fois le lien tendu.
Aussi loin qu'elle le peut.

Si j'avais pu œuvrer de la sorte,
Si j'avais pu aimer de la sorte,
Ce devoir de femme,
Ce devoir de femme,

Si j'avais pu sauver de la sorte,
Si j'avais pu pardonner de la sorte,
Ce devoir de femme...

Prier Dieu,
Encore et encore.
Prier, prier jusqu'à plus foi
Et ne plus croire en rien
Lors que le jour s'éteint
Ne plus croire qu'en soi.
Ce devoir de l'être,
Ce devoir de femme...

Fol Amor

librement inspiré du titre « This woman's work » de l'inégalable Kate Bush

Partir ... La Belle d'été ...

Il était temps ...

Le soleil avait terni mes envies
Le sable avait engourdi mes pieds
Les guenilles salvatrices ne couvraient plus mon sein
Et mon regard se perdait sur un horizon morne

Il était temps ...
Un à un les étés s'étaient implosés
Acquiesçant de ce fait leur inutile saveur
Dilués en des images fades et factices
Ils me rendaient l'image de ma futile suffisance

Il était temps ...

De se morfondre
D'attendre
De pâlir cachée
Dans le repli de mes ombres
Et deviser de l'effort ...
Surhumain
Qu'il me faudrait demain
Pour reconquérir mon corps ...

Je partais donc
Retrouver les heures livides
La désillusion du temps
Et ces instants effondrés
A vivre mes hivers

Fol Amor

Inaccessibles...

Joggeuse fluotée,
Ventre plat, atours ondoyants,
Sérieuse à son pas
Concentrée sur le rythme
Tellement abreuvée
D'idiomes sacrifiant
S'inflige l'absolu
D'un effort surhumain ...
Et pourtant mère aimante
Et maîtresse avisée
Elle passe ses autres heures
Dans son flot d'habitudes
Cernées de
devoirs
Et de désirs futiles ...

Coquette champagnisée,
Plastique comparable,
Peut-être la même femme
A ces heures, différentes ...
Elle campe sur son trône,
Tabouret piédestal,
Délivrant ses beautés
Par touches sirupeuses,
Ces atours avenants
Sublimés par ses soies
Révélant au commun
La distance implacable ...
Elle reste cette icône
Que les hommes vénèrent
Et ne peuvent dompter ...
Comme la place est unique
La Reine y demeure seule ...

Marie triporteuse
Arborant ses rondeurs
Maternellement pétrie
D'amour pour ses fruits
Obnubilée par l'œuvre
De son corps sacrifié
Au devoir d'être mère ...
Son salut approuvé
Et sa foi sanglotant...
Une fois rassasiés
La fratrie et leur père
Elle s'apaise et se perd
En de doux rêves d'été
Ou l'hôte de son joug
Retrouve sa légèreté ...

Humaine ascendante
Triomphante masculine
Tenant tête et même plus
A ces détracteurs pédants

Elle arbore sans retenues
Ses réussites, ses trophées
Et parsème son ego
En modèle de vie ...
Le dernier verre servi,
La dernière poignée de main,
Elle retrouve la satyre
De sa vie sublimée
Son cercle vertueux
L'a élu singulière
Perdue en solitude ...

Fol Amor

Une vie à attendre

Une heure à attendre, Minute, Instant, Seconde...

Une minute à attendre.

Une vie à attendre, 20 ans, 8 ans, une ronde, un an à attendre.

Si vous saviez comme le temps passe, à entrer dans cette ronde.

Si vous saviez comme le temps passe.

Si vous saviez comme le temps lasse, dans ces heures si rondes.

Si vous saviez comme le temps lasse.

Un rien à attendre, Minute, Instant, Seconde...

Des riens à attendre.

Un tout à reprendre, Mes 20 ans, 8 ans, Ma ronde.

Un tout à réapprendre.

Si vous saviez comme le temps, lourd, s'écoule en mes jours.

Si vous saviez comme le temps court.

Si vous saviez comme le temps, sourd, passe au-devant, autour.

Si vous saviez comme le temps court.

Si vous saviez tout ce temps, à user mes heures et me morfondre, attendre l'exclusion ou mon renouveau, l'implosion ou le mot de trop, perdre mes courages perdre mes ouvrages si ardemment liés à ma vie, les laisser se déliter, comme plus rien n'importe, que ce mal qui me ronge et le combat qui m'y lie.

Si vous saviez tout ce temps, perdu à ma lutte...
Lors elle n'existe plus, si je n'existe plus...

Fol Amor

Un trait rose sur ma peau (Kintsugi)

A suivre la nervure
Cette gracile volupté
Cette ligne d'azur Sur ma peau recouvrée
Peu s'imagine le feu
Qui couvait en mon sein
Dévorant mes doux vœux
Et mes soleils divins.

Nul ne savait le sort
S'acharnant à confondre
En ce combat retors
Où ne survit que l'ombre...

J'ai transformé en or
Ces sibyllins traits roses
Et même ils m'honorent
Du rien que cela suppose
Médaille de mon courage
Où de l'envie de vivre
Que cet heureux présage
A jamais me survive...

Fol Amor

Cicatrice

Comme ce trait qui me tient
Comme la signature
Comme si on ne me voyait plus
Comme si on ne voyait qu'elle
Comme si tous mes émois
Comme si ils passaient à jamais
Comme par ce trait qui me tient
Comme si le sillon creux

N'était moi à jamais...

Fol Amor

Madeleine

Madeleine était là
Et ne savait pourquoi.
Madeleine était là,
Où les autres ne sont pas,
Où les siens ne sont plus.
Elle en était repue
Des illusions perdues.
Alors elle se tenait là
A l'illusion de son pas...

Madeleine était là
Où les autres ne voient pas
Où la pluie qui s'égoutte
Étouffe le temps qui passe
Où le soleil qui chauffe
Perd les âmes et trépasse.
Madeleine était là
Entre le temps et le vent
A attendre le glas...

Madeleine se fit loin
A la fin ...

Elle s'envola gracile
Comme les papillons bleus
De sa gracieuse enfance.
Elle revoyait ses anges
Ceux partis déjà
Et ce sourire complice
Qui ne la perdais pas...
Jamais ...

Elle s'envola si loin
Qu'on ne la revît pas...

Madeleine était là,
Au milieu des autres,
Au milieu du temps...
Perdue...
Déjà...

Fol Amor

Re, Gardes, Moi

Regarde-moi

N'hésite pas, regarde-moi
Des courbes de mes silences
Aux tréfonds de mes émois

Regarde-moi
Prend mon ombre effilée
Caresse l'attente de mes offrandes
Et danse, l'attention affutée,

Regarde-moi

O mon amour ! mon corps abscons
Regarde bien ses alentours
Bien trop de ça et de détours
De volutes roses de Cupidon
T'en rassasier bien d'avantage
Jusqu'à plus soif, jusqu'à plus sage...
User ma peau sans retours
Que me reviennent de doux moments

Regarde-moi

Et au miroir de tes yeux
S'il plait aux cieux de m'y voir
J'espère dûment y recevoir
L'amour dont je tais le feu

Regarde-moi

Des courbes de mes émois
Au tréfonds de mes silences
N'hésite plus regarde-moi

Re, gardes, moi...

Fol Amor

Reprends-moi, amour...

Reprends-moi amour,
Recontourne mes contours
Reprends place en mon sein
Là où tes mains me tremblent
Là où tes sangs me troublent
Retourne dans nos rondes
Enivrantes de désirs
Ressasses mes soupirs
Et mes humeurs dociles
Humectes de tes lèvres
Les traces de mes luttes
Ainsi comme notre amour
Tout ne sera pas vain

Reprends ta place en mon sein
Là je t'attends mon amour...

Fol Amor

Butterfly

Enfin je m'envole
Depuis le temps que j'attends
Depuis l'attente qui me rend folle
Il est temps que je m'en aille,

Butterfly

Enfin je m'ébroue
Des bruits sourds et distendus
Abrutissant mon âme
Ils partent au vent, feus de paille,

Butterfly

Enfin je sors de ce corps
Des heures lasses à le survivre
Lui qui tanguait en bateau ivre
Je le libère de mes entrailles,

Butterfly

Enfin j'absous mes trésors
De la tristesse et la retenue
La peur de mon oubli
Ils me gardent vaille que vaille,

Butterfly

Et je regarde mes efforts
S'évanouir dans le néant
Où se pleurent nos états d'âmes
Rien ne sera comme avant
Je ne saurais jamais la fin
Mais il faut que je m'en aille

Feu de paille
De mes entrailles
Vaille que vaille

Butterfly...

Fol Amor

J'ai ouvert grand les portes

J'ai ouvert grand les portes,
Le ciel avait besoin
Et le soleil aussi.

J'ai ouvert grand les portes
Tant j'en avais envie,
Tant j'avais des envies.

J'ai ouvert grand les portes,
Aux jours neufs qui restent,
Aux heures blondes pleines d'azur,
Les uns pour qu'ils s'exercent
Sur mon corps recousu,
Les unes pour qu'elles se suivent
A jamais éperdues.

J'ai ouvert grand les portes,
Aux désirs, aux bontés,
A tout ce qui m'insupporte
Si j'en revient vivante,
Je ne serais plus cloporte
Des sombres vérités.

J'ai ouvert grand mes portes
Aux amours revenues.
Maintenant que le temps me porte,
Elles sont soudain reparues.
Elles attendaient l'ivresse
De ma vie recouvrée,
Je leur donne la folie
D'une jouvence éternelle !

J'ai ouvert grand les portes,
Je n'ai plus froid, ni peur.
Et même si le malheur
Sonnait tocsin à ma porte,
Il sonnerait de rien
Car je l'ai oublié...

J'ai ouvert grand mes portes
Et plus rien ne me retient...

Fol Amor

Une lettre

« Chère vous,

Je vous aime ...

Ce constat ne souffre maintenant d'aucune contestation possible ...

Il m'a fallu beaucoup de temps pour arriver jusqu'à vous. Pas que le chemin était long ou plus sinueux qu'un autre mais les étapes y étaient bien plus fréquentes. Et il m'a fallu donc le temps nécessaire pour toutes les accomplir comme il se doit. J'imagine que pour vous il en a été de même et que cet instant de « nous » a du être patient. Tous ces temps à nous attendre et valider une telle évidence pourraient paraître perdus.

Il n'en est rien.

Ils n'ont pas été vains, ni pour vous, ni pour moi.

Il serait d'ailleurs désobligeant à leur égard de les regretter juste parce que nous goûtons enfin le bonheur de nous retrouver. Ils ont justes été les paliers d'un essor que je souhaite comme le dernier de notre histoire. Les étapes d'un mûrissement qui apporte à notre fruit toutes les saveurs attendues. Mûr comme nous le sommes ! Métaphore heureuse certes dont il serait inopportun de vouloir se soustraire tant elle définit ce que nous sommes. Deux êtres ayant traversé les âges dévolus aux vies de nos temps et qui, arrivés à ce moment, gagnent enfin ce qu'ils ont toujours chercher ; l'amour d'un prochain dont l'évidence ne saurait être contestée.

Et il n'est pas malsain de l'acquiescer ni même de le revendiquer ! Étendard brandi au fronton de nos vertus et pour d'autres générations l'espoir qu'il n'est jamais trop tard.

Je vous écris aujourd'hui car mes mots, ces mots, n'en peuvent plus d'attendre. Ils attendent depuis si longtemps de pouvoir couler de l'encre de ma plume qu'ils en avaient presque perdu leur essence, leur source. De nos jours les muses se font rares et plaident d'autres moyens pour se voir sublimées. Et moi je n'en connais d'autres. Alors je leur ai demandé d'attendre, d'être patients. J'ai tenté de les rassurer en amenant à moi des semblants d'icônes novatrices réveillant la flamme pour quelques temps mais ils ne se sont pas décidés à honorer ces fantômes. Ils attendaient l'élue, leur élue. Contents aujourd'hui du bruissement déclenché en mon sein, ils s'avouent à vous et s'épandent sur ces pages reconnaissants et soulagés. Ils peuvent enfin exprimer tout ce qui se retenait dans leur léthargie. Et moi, porteur de leurs chants, je vous les livre bien humblement.

Je vous aime…

Comme si cela m'avait été interdit. Comme si les fois où ma route à croiser d'autres mains, dévoiler d'autres corps, devait suffire pour mon salut. Même si la preuve qu'elles n'avaient pas répondu à toutes mes envies devait être établie, il semble que pour ce que l'existence se devait de m'apporter, ces rencontres étaient suffisantes. Pour les avoir vécues avec tout l'engouement qu'il m'était donné de donner, elles ont toujours laissé ce petit rien d'inachevé qui s'installe lors que l'erreur ne fait plus aucun doute. Mais l'ordre des choses, la complaisance, la société même, ne sont pas en accord avec l'évidence du « fait l'un pour l'autre ». Comme si cette vertu pouvait s'arranger de faux-semblants tant que personne n'y voyait à redire. Je crois à cette douce sentence que quelqu'un, quelque part attend chacun de nous et que l'accomplissement de l'être ne se fait pas tant que cette évidence n'est pas vécue. J'y accorde ma foi en l'homme et suis persuadé que sans cet édit, l'amour n'existerait pas. A quoi bon être ici sinon !?

Je vous aime ...

Je me permets de vous le dire pour toutes les raisons déjà écrites sur ces pages et aussi parce que, sans le faire, je pense ne jamais pouvoir m'accomplir. De toutes les raisons exposées la dernière que je veux vous transmettre est l'assurance de ma plus grande sincérité. Je sais qu'aujourd'hui émettre un tel absolu pourrait passer pour une manœuvre de séduction éprouvée, mais elle est pourtant nécessaire autant pour vous que pour moi. Avoir déverser ce flot de mots ne pourrait avoir de sens qu'avec la plus grande sincérité possible, voire même la plus définitive. Notre vécu, nos souvenirs, nos histoires foisonnent de promesses, plus ou moins contentées, et, il serait bien parvenu de ma part de venir à vous par le biais de cette lettre sans être tout à fait sincère. Je vous aime, aussi sûrement que je le peux et aussi sincèrement que cela le demande. Je vous aime car vous serez la dernière ou moi-même je ne serais plus ...

Je vous aime ...

Ces temps sont décidément bien particuliers. J'écris une lettre à votre amour supposé pour moi et je me persuade de son écho comme si c'était un dernier recours. Une bouteille à la mer posée au milieu de mes mots qui n'est pas sans rappeler la quête éperdue des amours synthétisées d'aujourd'hui. De cliquetis en messages virtuels, ils assènent la vérité de nos temps individualistes, parfait pour maintenir la flamme et tenir l'écart nécessaire pour ne pas succomber aux premiers regards. Car, éprouvées par une tradition séculaire, nos manières de séduction « de corps à corps » sont maintenant révolues. Et c'est bien dommage !! Si elles n'assuraient pas d'avoir trouvé la marque de ce fameux « fait l'un pour l'autre » elles permettaient de vivre de précieux instants de bonheurs, éphémères certes, mais tellement gratifiant pour l'âme. Croire en l'amour à chaque fois est devenu un eldorado. Et comme je suis plutôt optimiste, je préfère penser qu'en vous écrivant de cette façon, je l'ai enfin atteint. Je préfère croire que mes mots ainsi déposer à vos yeux ne seront pas vain, que le temps que vous mettrez à les lire tissera les derniers liens qui nous manquent jusqu'à me tenir à vous pour le temps qui me reste.

Je vous aime...

Je vous aime et je n'espère plus.

Je vous sais là, à quelques mots de moi, perdue dans leur nombre peut-être mais prête à y succomber. Peu importe le courant qui vous mènera, il vous portera à mon port. Et en tout point j'en suis heureux.

Bien à vous. »

*

Chère vous,

Vous existez certainement quelque part. Je tenais à cette lettre pour vous sublimer et faire de vous l'icône de cet amour que je porte à vos semblables. Je tenais à ce morceau de moi offert pour qu'elles s'y retrouvent et en soient remercier. Je tenais à prendre la mesure de tout ce que nous avons à vous apporter afin de remédier à toutes ces années d'inconstance humaine à votre égard. Je n'en suis qu'un des précurseurs et le travail en sera certainement encore long et difficile tant il y a à rattraper mais je gage que ces lignes permettent à tout le moins d'élever les consciences futures, d'un côté comme de l'autre, pour parvenir à l'équilibre tant attendu. Peut-être en fais-je un peu trop ? Peut-être que l'amour d'un seul homme ne suffira pas à refermer la blessure ? Je n'y porte pas mon attention. Ce qui m'importe, c'est le bonheur que pourra vous apporter ce texte. Le miroir d'un vécu possible si l'âme qui se tient à vos côtés y apparaît. J'espère que vous avez cette chance ! Ma piètre contribution à votre reconnaissance en serait soutenue et me rassurerait sur la conscience de mes pairs. Ces mots, comme les autres sur ces pages sont pour vous. Ils sont le reflet de mes expériences à vos côtés et me permettent de penser vous connaître, un peu, si peu ... Gageons ensemble qu'ils puissent y remédier.

Encore une fois, bien à vous.

Quelques jours
D'une femme ...

Un premier jour

Cécile portait son regard au loin. L'horizon bleuté, confondu entre ciel et mer, la gratifiait d'un semblant d'apaisement. Loin de tous les tumultes de ces derniers jours, elle s'évadait sciemment, ressourçant son âme de cette douce image et de quelques légers embruns. Le temps s'y prêtait aisément en ce début d'automne. Il restait dans le fond de l'air des bribes du dernier été et la terre en exhalait encore quelques chauds effluves. Il fut une époque où cette atmosphère aurait pu l'euphoriser. Elle s'y était souvent laisser aller, envahie par cette douce torpeur de fin de journée qui vous enveloppe et vous réconforte parfois.

Mais pas aujourd'hui, pas aujourd'hui ...

Aujourd'hui sonnait comme le glas d'une fin malheureuse et elle ne savait quelle part d'elle, elle allait devoir encore y perdre. Elle ne comptait plus depuis longtemps les morceaux qu'elle avait dû se rafistoler. D'aucun dirait, par gentillesse, qu'elle ressemblait ainsi aux poteries japonaises embellies par leurs réparations. Le Kuntsugi aurait pu en effet qualifier son état encore que l'embellissement fût tout à fait relatif selon sa propre convenance. Pour elle, il n'y avait rien qui puisse se reconnaître d'un quelconque art dans les traces plus ou moins visibles qui signaient son corps et son âme. Elle en subissait encore parfois les soubresauts malsains et rien ne la réconfortait dans leur souvenir.

Elle remonta le sentier vers la maison.

Sa léthargie n'était décidément pas assez utile pour l'apaiser. L'ascension en devenait pénible avec l'âge. Elle gardait pourtant une belle vigueur eut égard au demi-siècle déjà passé mais il lui sembla qu'il n'avait jamais été aussi difficile de le gravir ! Sans doute la pensée de ce qui l'attendait en haut de ce serpentin de terre perdu au milieu des bruyères et des genêts odorants en accentuait la pénibilité. Elle sourit malgré tout en se remémorant les cris de joies des nombreux enfants qui avaient avalé et dévalé cette pente durant toutes ces dernières années et elle en fut une des pionnières !

Enfin le seuil donnant sur la piscine s'entrevoyait entre les buissons. Encore quelques mètres et cet épuisement inutile prendrait fin ! « Quelle idée tu as eu » se dit-elle tout haut dans un souffle court. Elle en était pour une belle suée ce qui lui vaudrait une inévitable douche peut-être plus apaisante que le reste. Maculée qu'elle était de sueur et de poussière celle-ci lui permettrait de se rendre plus « présentable » à l'assistance qu'elle ne manquerait pas de croiser et surtout se débarrasser enfin de cette panoplie noire ridicule. L'homme dont on avait « honoré » ainsi la mémoire aurait sans doute peu goûté toute cette « sombrité » exigée. Lui, le soleil incarné ...

Quelques minutes de respirations de moins en moins saccadées plus tard, elle franchit le portique menant à la propriété. Elle longea la piscine sur le côté offrant une vue plongeante sur la mer et la plage en contrebas. Le spectacle était encore au rendez-vous et elle s'en délecta une dernière fois avant qu'il ne disparaisse pour de bon dans l'ombre.

Elle entra dans la maison par la véranda, côté nord, là où la chance d'y voir quelqu'un était la plus improbable. Elle hésita tout de même un instant. Rien ne semblait plus s'entendre venant du salon. Elle s'engouffra donc dans le petit escalier de service, vestige d'une époque surannée révolue, mais d'une efficacité éprouvée lors qu'il s'agissait de rentrer dans ses pénates en évitant les entrevues pénibles.

Depuis son retour, elle avait pris cette habitude. Si au départ sa volonté ne souffrait d'aucunes arrière-pensées tant son désir de solitude suffisait à justifier son attitude, aujourd'hui, elle le faisait sciemment afin d'éviter autant que possible toute intrusion dans sa « bulle », un espace délimité pour son confort personnel, lequel n'avait que trop été usé. Elle aspirait à un repos mérité et dépourvu de présence. Chose qui, dans le microcosme familial, avait un peu de mal à passer. Et aujourd'hui plus que tout autre jour, retrouvé pour un temps cet espace salvateur, lui paraissait primordial.

Elle atteignit le 3e étage de la maison dans un souffle. Là encore, un effort rapide lui permettait une relative discrétion. Même si le bruit de ses pas ne laissait pas d'équivoque, faire savoir que, sitôt emprunté, l'escalier retrouvait au plus vite son inertie, ne permettait à quiconque d'intercepter l'emprunteur. De plus, de tout temps il avait été le trajet privilégié des femmes de ménage et autre personnel domestique dont l'existence n'interrogeait personne. Une tradition d'inattention à leur égard et des réflexes de vieilles familles étaient restés. De sorte que l'on faisait peu cas des allées et venues du « petit gourbis » comme chacun se plaisait à l'appeler. Il y fût permis sans doute à quelques relations injustifiées de se nouer dans ses alcôves, mais cela est une tout autre histoire...

Cécile, arrivée dans sa chambre, ôta ses vêtements. Tous. Aucune pudeur en ces lieux, elle se savait seule à les arpenter. Non qu'ils lui étaient réservés, mais personne n'osait venir par ici quand elle s'y trouvait. Sauf bien sûr lors des réunions de famille où là, l'ensemble de la bâtisse était réquisitionné pour en héberger le nombre. Elle récupéra quelques effets et se dirigea vers la porte. Un coup d'œil au passage au miroir pivotant grandeur « nature » où rien de ce qu'elle y vît ne put paraître déplaisant à ses yeux. Elle gardait, selon elle, les avantages dont une femme a besoin pour s'assurer qu'elle l'était encore. Malgré les coups du sort, visibles par endroits, l'ensemble de son corps restait une entité concrète qui la satisfaisait. Et d'autres aussi ! Elle pensa un instant aux caresses qui parcouraient sa peau quelques fois et un léger frisson l'enveloppa. Mais l'heure ne s'y prêtait décidément pas et elle ne tarda pas à s'envoler vers la salle de bains. 10 minutes à peine ! Une gageure ! Et bien sûr, pas de fioritures à suivre ! Elle s'apprêterait sans doute beaucoup mieux demain matin ! Pour l'heure, la fantaisie était rangée au placard. Un jogging léger, ses « Stan Smith » qu'elle adorait et ce sera tout ce qu'elle offrirait aux éventuels hôtes restés ce soir ! La journée avait supporté un lot suffisant d'apprêts inutiles pour en rajouter. Ainsi jaugée, elle descendit l'escalier de service jusqu'au deuxième étage, emprunta la porte dérobée toujours existante, et finit son retour sur le plancher des vaches par l'escalier central de la demeure.

*

La porte du frigo s'ouvrit dans un grincement sourd, déversant lumière criarde et froid dans la pénombre de la cuisine. Cécile entreprit de remplir l'assiette qu'elle avait pris dans le lave-vaisselle par un repas frugal. Juste de quoi contenter sa non-faim ! Le résultat du tord-boyau qui avait servi de café tout au long de la journée (merci Lyovel !!) et des aigreurs enchaînées, sonnait comme un creux dans son estomac qu'elle hésitait à combler mais dont l'évidence se faisait sentir. Une généreuse tranche de pain de campagne prenant déjà une bonne moitié de son écuelle, elle choisit quelques fruits, un bon morceau de tomme de brebis et quelques tranches de son péché-mignon : un magret de canard fumé sans graisse, confectionné par le voisin. Le bougre perpétuait ainsi une tradition séculaire qui ravissait les papilles d'un bon nombre de ses concitoyens et Cécile appréciait tout particulièrement sa recette. Elle referma le frigo, l'assiette remplie, et se dirigea vers la grande salle de l'autre côté de l'escalier. La partie salon baignait dans une lumière tamisée Si elle avait espéré secrètement qu'il n'en fut le cas, elle s'était douté qu'il en serait ainsi. Cela trahissait forcément une présence, quoiqu'il lui arrivât parfois de trouver la pièce éclairée sans âme qui vive ! Elle posa son assiette sur le bout de la grande table en chêne, écrin des repas interminables dévolus aux réunions de famille. En ce jour elle imposait une majesté indésirable pour un repas en solo, mais éviter le regard en coin de Madame en s'installant dans le salon, même avec un plateau, valait bien de se sentir effroyablement seule sur ce bois massif. Madame, elle, s'était réservé son fauteuil habituel. Absorbée, semblait-il, dans une lecture des plus élitiste, le ruban rouge en faisait foi, elle ne sembla pas prêter d'attention particulière à l'intruse. Sensation de courte durée, elle releva son regard au-dessus de ses lunettes dans une attitude équivoque.

« - Te voilà enfin ! Ta sœur a dû rester à attendre que tu daignes revenir de ton périple !

- Elle n'y étais pas obligée... Répondit doucement Cécile.

- Je lui ai dit de partir quand je t'ai entendu dans l'escalier. Sainte manie que tu as de toujours vouloir te dérober à certaines obligations. Le sort des autres t'est décidément indifférent ! Enfin tu ne couperas pas à ce qu'elle t'en parle. Elle n'était pas contente ! »

La première pique était lancée.

« - Et tu me feras le plaisir de ranger correctement derrière toi ! Tes simagrées d'adolescente ne te dispensent pas de certaines évidences malgré que tu passes ton temps à vouloir passer outre ! »

Seconde pique.

« - Ça y est ?! Tu as fini ?! » s'enquit Cécile.

« - Tu ne penses pas que c'est un peu exagéré non ?! Je n'ai pas pour habitude de laisser ma merde derrière moi et quant à ma sœur, je verrais bien ce qu'elle en dira demain !! »

Elle avait pris une position assez vindicative, ses deux poings serrés plantés sur la table ne prêtant pas à une quelconque réplique. Madame, surprise par cette soudaine et inhabituelle débauche de colère, se ravisa de surenchérir. Cécile reprit.

« - Rappelles-moi quel jour nous sommes et ce que nous avons fait de celui-ci ? Il me semble que les événements peuvent pour une fois se passer de tes aigreurs ! Pas aujourd'hui maman, pas aujourd'hui ! ... ».

Comme conclusion, elle ramassa son assiette, laissa Madame à son amertume et monta l'escalier retrouver sa tranquillité. Elle se dit tout en gravissant les marches que tout se réglerait sans doute demain.

« Demain !?... C'est loin demain ... » pensa-t-elle...

Un second jour

Le bruit sourd et continu des roues crissant sur les cailloux de l'allée la réveilla. Cécile avait sombré dans un profond sommeil en oubliant de mettre son réveil. De fait elle allait devoir faire face à une nouvelle volée de remontrances acerbes de Madame si ce qu'elle percevait sonnait comme l'arrivée des premiers « invités ». Le terme était peu adéquat dans les circonstances de cette réunion mais il ne lui vint aucun autre qualificatif pour ça. « Arrivants, serait sans doute plus juste... » songea-t-elle... Elle se décida tout de même à prendre les devants et entreprit de se trouver une tenue correcte, comme exigée. Son choix se porta sur un chemisier noir mais elle ne put se résoudre à se couvrir une nouvelle fois de cette couleur de pied en cape. Le pantalon avait sa préférence à la jupe et le seul qui trouva grâce à ses yeux se teintait de beige. « Impeccable » pensa-t-elle tout en s'imaginant le regard désapprobateur de sa génitrice. Elle trouva pour ces cheveux une barrette « nœud-pap » assortie au chemisier et s'en tint là pour la fantaisie. La salle de bains l'appelait de ses vœux pour parfaire l'ensemble d'une fraîcheur de peau de bon aloi. Le passage dura cette fois plus longtemps. Une demi-heure plus tard, la panoplie était affûtée, tout du moins l'image qu'elle renvoyait lui plaisait. Elle prit encore quelques instants pour s'assurer de ses effets dans le miroir. Une coquetterie qui ne la fit apparaître au bas de l'escalier qu'au bout de trois bons quarts d'heure après son réveil.

L'effervescence attendue n'était pas de mise. Le véhicule n'était que celui du traiteur qui, pour une fois, avait été appelé afin de décharger la pauvre Marie-Laine (plus un surnom qu'un prénom) de tâches supplémentaires bien inutiles en ce jour particulier. La pauvre bonne supportait mal la disparition qui touchait la famille et son travail se résumais au strict minimum. D'ailleurs Cécile refusait qu'elle monte aux étages pour le ménage. Passé 65 ans, il y a des services dont on peut comprendre qu'elle puisse s'abstenir de les faire. Pas pour Madame évidemment qui gardait pour cette pauvre mère de famille une méfiance des plus malvenues s'étant laissée aller parfois à la soupçonner de méfaits aussi tordus qu'improbables ! Marie-laine ne savait pourtant lui en tenir rigueur ; elle arborait toujours son joli sourire éclairé de bonté restant attaché plus que tout à sa sacro-sainte notion de service. Et puis elle avait été de tous les instants heureux et ce seul souvenir suffisait à faire passer tous les tourments que sa maîtresse pouvait lui faire subir. Cécile fit le tour de quelques pièces en vitesse constatant qu'elle s'était pressée pour rien. La teneur du petit matin la ramena à une notion perdue, l'heure !! « Quelle gourde ! » pensa-telle en vérifiant sur son portable. A peine 7h45 ! Voilà une évidence dont elle se serait bien passée ; elle savait que la journée serait longue ! L'incompréhension ensuite vint s'ajouter à la bêtise de la situation tant elle ne voyait pas l'intérêt de faire livrer le traiteur aussi tôt. Une lubie de Madame sans doute forçant ainsi sa servante à un lever des plus matinaux. Elle ne lui épargnait décidément aucun sacrifice ! Une mesure qu'elle avait dû prendre en catimini, lors d'un bref échange, voire même à l'heure où la bonne quittait son poste la veille. Pauvre Marie-Laine ! Cécile pensa qu'il faudrait sans doute changer le sort de cette femme si dévouée une fois passer le dernier cap de tous ces événements.

Pour le moment, l'heure était au café ! Du bon cette fois-ci ! Garantie assurée par le savoir-faire de Marie-Laine et de l'origine du grain, une sélection établie par le maître de maison depuis de longues années. L'odeur en emplissait d'ailleurs l'espace, du corridor à la cuisine. Cécile s'y rendît sans plus tarder.

« -Bonjour Madame ! Vous voilà bien matinale !

- Je t'ai déjà dit de ne pas m'appeler Madame mais Cécile et de me tutoyer Marie-Laine. Tu me connais depuis mes 10 ans. » répondit Cécile en posant un baiser sur les cheveux grisonnants.

« - Je sais ... Cécile ... mais j'ai vraiment du mal !! »

La servante s'affairait à ranger comme elle pouvait les denrées livrées par le traiteur. Une fois de plus, Madame avait chargé ! Un festin qui mettrait sans doute plus de trois jours à disparaître ! Cécile se promis d'appeler son ami du centre social voisin afin d'en faire profiter ceux qui en avaient vraiment besoin.

« - Il y a des viennoiseries ... Cécile ! » dit soudain la servante avec un large sourire

« - Je les ai faites rajouter sur la commande de votre mère. » Elle étouffa un petit rire en révélant sa supercherie.

« - Je vais me régaler ce matin alors ! » surenchérit Cécile.

Suivant l'élan de cette opportune facétie de la bonne, Cécile prît un mug dans le placard et se servît une grande rasade de son merveilleux café. Les douceurs étant à portée sur le plan de travail elle décida de rester dans la cuisine pour en profiter. L'îlot central était assez conséquent pour servir de « coin repas ». Et la compagnie de Marie-Laine valait mieux que tout autre pour savourer ce petit-déjeuner ! Le journal était à portée. Elle l'ouvrit sans grande conviction sur l'intérêt qu'il y avait à lui apporter mais cela lui permettrait-il de penser à autre chose. C'était sans compter sur la propension de Madame à s'inviter dans tous les instants de sa vie. Un ruban d'encre noir barrait le coin gauche de la gazette locale ne laissant aucun doute sur l'annonce qu'elle trouverait à l'intérieur. Un second bandeau paraphant le bas de la Une parachevait l'effet de celui du ruban. « Nous sommes au regret de vous apprendre La mort de Pierre de Bastanville, propriétaire de ce journal et député-maire de notre circonscription. Toutes nos pensées vont à sa famille et ses proches. » Cécile repoussa le journal et ne put s'empêcher de laisser monter quelques larmes au bord de ses yeux. MarieLaine, mût par son instinct maternel, se retourna presque aussitôt. Se rapprochant de Cécile, elle la serra dans ses bras retenant un sanglot. Quelques secondes plus tard le journal finît son existence dans la poubelle.

« - Cinq jours qu'il traîne ici ! Je suis désolée ... dit Marie-Laine.

« - Ne t'en veut pas. Ce n'est pas de ta faute ... » répondit Cécile.

Les deux femmes restèrent quelques minutes dans les bras l'une de l'autre. Un instinct pour se rassurer et se savoir épauler dans l'attente du tumulte larvé qui s'annonçait.

*

Vers 9h30, les « invités » commencèrent à arriver. Un peu plus tôt, Madame avait gratifié ses gens d'un éclair de présence demandant qu'on la prévienne dès que tout le monde serait là. Elle s'était réfugiée depuis lors dans sa chambre afin de parfaire sa panoplie de veuve éplorée.

Premier de cordée, le notaire prît place dans la salle à manger, étalant avec ordre les documents sortis de sa vieille sacoche. Ami de longue date du maître de séant, il avait bien sûr été de toutes les transactions et autres droits de succession dans la famille. Il la connaissait par cœur. Un véritable avantage alors que l'attente des uns et des autres pouvait justifier une pression éventuelle. Les consignes étaient claires et établies entre les deux hommes depuis fort longtemps ; nul ne pouvait savoir à l'avance la teneur des documents dont il s'apprêtait à révéler le contenu. Pas même Madame, qui pour cela, portait à l'encontre du vieil homme une défiance exacerbée. Lui, affable et bonhomme, gardait pour tous une tendresse évidente qui devait sans doute, en ces heures chargées d'émotion, rendre sa tâche encore plus délicate. Pour l'heure, rien ne semblait désorienter le travail de ce prévôt respecté de tous.

La seconde arrivée fût celle en grandes pompes de la famille De Legnac. Trois 4x4 rutilants, aux marques évocatrices d'un certain standing, se succédèrent sur les gravillons de la cour devant la maison. En l'absence de Madame, ce fût à Cécile de procéder à l'accueil des uns et des autres. Anne, première à entrer, une demi-tête au-dessus d'elle grâce à ces échasses, l'embrassa du bout des lèvres. Si Madame avait espéré une descendance digne d'elle, sa fille aînée remplissait toutes les conditions. Un riche mariage, deux garçons investis dans les affaires de leur père et une propriété dont on prétendait qu'elle surclassait toutes celles de la région. Si ce niveau social eût pu lui permettre d'affirmer sa propre personnalité, Anne s'escrimait à ressembler en tous points à sa mère dont elle saluait l'exemplarité. Ces deux-là s'entendaient parfaitement pour faire perdurer l'idée « d'une certaine France » où il est de bon ton de parfaire vie sociale et maritale dans le respect d'un tas de traditions toutes aussi décalées que désuètes. Accompagnée de son mari, Hugues De Legnac, héritier d'une riche famille de négociants viticoles, elle paradait déjà entre le salon et la salle à manger, posant son regard un peu partout comme pour repérer d'éventuels larcins. Comme sa mère, sa faculté à émettre des doutes sur la bonne foi de ses congénères ne connaissait pas de limite. Douter des autres lui permettait assurément d'éviter de douter d'elle-même. Ses fils, Guillaume et Jocelyn, brillaient par contre comme leur père, par leur gentillesse non feinte. Les accolades dont ils avaient gratifié Marie-Laine et Cécile ne ces heures sombres des piliers de bonté auxquels il était bon de se raccrocher. Leurs fiancées respectives, choisies sans attachements aux valeurs de leur mère, étaient tout autant de bonnes âmes. L'effusion de reconnaissance dont elles se firent l'écho à l'encontre de la servante fût l'occasion de remettre du baume au cœur de cette dernière. Tout ceci aussi naturellement que leur humanité leur laissait d'ailleurs aucune équivoque à ce sujet. Ils aimaient les gens sans retenue et restaient dans permettait.

Pour des raisons qu'elle ne s'expliquait pas, Cécile accueillit aussi Jean Brochant, le directeur du groupe de presse de son père, un ami de longue date aussi certes mais dont la présence ne semblait pas de prime abord indispensable. Elle accueillit aussi le mari de Marie-Laine, Victor, tout aussi étonné qu'elle de sa présence et pour le souvenir qui en restait, peu impliqué dans la vie de cette illustre famille si ce n'est par sa femme. Un avocat chargé d'affaire, totalement indépendant, avait aussi été convié, son analyse devant, semblait-il, couper court à toutes formes de contestation des documents que Maître Forget s'apprêtait à énoncer. Cécile dût malheureusement constater que sa propre fille n'était pas là. Impossible de savoir si c'était une décision personnelle ou si cela faisait partie des directives pour la consultation des documents. Tristement, Cécile penchait pour la 1ere solution tant elle savait les relations entre sa fille et Madame plus que houleuses. Clara lui manqua d'un coup terriblement ce qui obscurcit suffisamment son visage pour que quelques personnes s'en aperçoivent. Mais l'heure étant déjà à la procédure, on fit donc appeler Madame qui ne tarda pas à arriver.

Dès son entrée, Anne s'empressa de venir la soutenir pour les derniers pas qui la séparait de la place qui lui était réservée autour de la table. Drapée plus qu'habillée, elle était apparue dans une tenue noire des chaussures au voile, qui masquait son apparente tristesse. Jusqu'au mouchoir, ustensile indispensable pour convaincre l'assistance de son profond désarroi, tout était en deuil. Ce qui ne manqua pas de contraster avec la relative décontraction du reste de l'assistance. Sous la toile fine devant son visage elle ne put tout de même s'empêcher de lancer ce regard réprobateur envers la tenue de sa cadette et d'insister lourdement pour que chacun voit vers qui allait sa préférence. Une fois la Matriarche installée, tous prirent une place et le notaire commença son office.

*

Cécile sortit en trombe par la porte principale de la maison. Elle traversa la cour slalomant au milieu des véhicules et déversa son petit-déjeuner sur le premier parterre de fleurs qui se présenta. La colère s'était emparée d'elle aussi soudainement qu'une pluie d'orage. Mêlée au stress, et, à l'équilibre relatif de son alimentation de ces derniers jours, cela avait eu un effet dévastateur sur son repas matinal. Mais, à peine avait-elle rejeter ce trop-plein qu'elle se releva en poussant un cri qui parût surhumain pour une personne de son acabit. Seules à s'être levé de concert juste derrière elle, les fiancées des fils De Legnac ne tardèrent pas à la rejoindre. Bien leur en prit, Cécile sous le coup de ses vives émotions présentait déjà les signes d'un évanouissement. Rattrapée par les deux jeunes femmes, elle se raffermît aussitôt, les rassurant quelque peu. S'ensuivit un long moment pour reprendre ses esprits, tantôt accoudée sur l'un des véhicules, tantôt accroupie au sol, tantôt à pleurer dans les bras de l'une ou l'autre. Au bout de minutes qui parurent des heures, Cécile remise juste ce qu'il faut, pour ce qu'elle pouvait en juger, décida de reprendre le combat. Elle revint dans l'arène au milieu des vociférations des uns, des pleurs des autres, et, dans une moindre mesure de la stupéfaction de certains.

La bombe jetée par son père à la tête de tous avait eu son effet ! La lecture des actes octroyait à Cécile la direction de l'organe de presse et de ses attenants régionaux, reléguant sa sœur à la seule partie immobilière de l'héritage. Pour en faire peu cas, elle recevait de fait une manne conséquente dans la vue d'une vente de ces biens.

La maison n'était à personne.

Madame en conservait l'usufruit jusqu'à sa mort puis le bien rentrerai dans le capital de l'organe de presse avec l'obligation d'en faire un centre social. De fait plus aucun membre de la famille ne pourrait plus jamais prétendre à y vivre après la mort de la Reine-Mère. Une dernière clause du testament stipulait qu'aucuns des biens ainsi répartis ne devait profiter au-delà de deux générations, celle-ci laissant le choix aux derniers descendants de les faire disparaître de la famille comme ils le voulaient. Et enfin, en reconnaissance de son dévouement, la propriété d'été sur l'île de Jersey fût attribuée à MarieLaine et son mari Victor sans conditions cette fois.

Dès lors que Maître Forget eut fini sa lecture, les deux harpies de la famille se répandirent en insultes de tout genre sur Cécile qui ne s'en laissait pas compter. Les reproches refoulés par des dizaines d'années de non-dit fusèrent de tout bord étalant au grand jour un nombre bien trop important de secrets, même pour une si grande famille. Pour la plupart faux, ils démontraient, s'il était encore nécessaire, la capacité des deux dominantes à vouloir à tout prix imposer leurs préceptes de vie ridicules. Dans leur idéal, on ne faisait pas d'enfant hors mariage, on ne se séparais pas pour des broutilles et on ne partageait pas son existence avec le premier marin venu. Autant de principes énumérés dont l'énoncé s'adressait directement à la seule qui ne les ait jamais respectés. L'un des reproches les plus récurrents étant que Cécile était revenue sous ce toit dans le seul but de tourner la tête de son père et se garantir la plus grosse part de l'héritage. Leur véhémence avait fini par provoquer le malaise de Cécile. A son retour, la rage se lisait sur son visage d'habitude si doux. Elle tremblait de tous ses membres ce qui poussa Sabine et Élodie, les deux brus De Legnac, à rester à portée de bras, au cas où. Cécile se posa debout au bout de la grande table familiale, les deux poings serrés, bien décidée à reprendre pied face aux allégations de sa mère et de sa sœur. S'ensuivit une longue discussion entre les différentes parties, tantôt houleuse, tantôt apaisée, émaillée des précisions de Maître Forget et du chargé d'affaires, afin de démontrer, et l'authenticité des documents, et leur éloignement dans le temps, ce qui disculpa Cécile de toute influence dans leur rédaction.

Coincée dans ses arguments, Anne eut à la fin un comportement digne d'une charretière ce qui lui valut une verte réprimande de son mari qui jusqu'alors avait réservé ses états d'âmes. « Ça suffit maintenant Anne !! ton attitude dépasse les bornes !! » Soufflée par ce parti pris envers sa sœur, elle quitta la maison priant Hugues de lui donner les clés de leur véhicule. La voiture démarra en trombe soulevant les gravillons en gerbes.

De son côté, Madame oscillait entre un semblant de malaise et le foudroiement du regard de tous les protagonistes de la scène. Sa colère bouillait tellement intérieurement que chacun pensa qu'elle pouvait en tomber malade voire pire. Mais sa haine était son essence. Et plus l'évidence des conséquences de ses actes passés lui revenait à la figure, plus son œil semblait briller de cette haine. Abasourdie cependant par la clarté des actes notariés, elle comprit bien vite qu'elle n'aurait plus la mainmise sur la fortune de son défunt mari. A midi, elle prétexta une grande fatigue pour se retirer dans sa chambre et on ne la revit plus de la journée. Cependant, on entendait par moment ses vociférations dans une conversation qu'on supposa téléphonique. Le cercle des ayants-droits s'étant réduit d'un bon tiers, on décida de clôturer le spectacle. Marie-Laine proposa à l'assemblée d'honorer le travail du traiteur mais personne ne pût prétendre à avaler quoi que ce soit.

« - c'était bien la peine. » dit-elle désolée ...

« - oui, c'était bien la peine » répéta Cécile...

*

Cécile passa le restant de la journée avec Jean Brochant, le bras-droit de son père, qui lui expliqua l'essentiel de ce dont elle possédait pour commencer son travail au sein du groupe.

Par moment, elle se sentait envahi par le vertige tant la gestion de cet énorme trust lui semblait compliquée. Jean la rassurait continuellement en lui promettant d'être à ses côtés en toutes circonstances. Son père déléguait bon nombre de ses décisions (la plupart pour tout dire) et elle n'aurait à la fin qu'à donner son aval aux principales. De plus l'exercice en cours était ficelé pour les 6 mois à venir ce qui lui permettrait d'avoir le temps de prendre ses marques. L'apaisement généré par cet aparté administratif révéla une faim légitime pour les deux nouveaux patrons. Ils partagèrent donc un peu des mets apportés par le traiteur, puis décidèrent d'en rester là pour la journée se donnant rendez-vous le lundi suivant au siège de la société. Jean parti, Cécile ressenti soudain une immense fatigue. Elle s'assit dans l'un des canapés du salon et se perdit dans la contemplation des plantes de la véranda. Elle avait donné congé à Marie-Laine qui la remercia mille fois avant de partir en pleurs, soutenue par son mari. De fait, elle se retrouvait « seule » dans cette grande baraque qui n'était, maintenant, plus vraiment à quiconque. Ainsi posée, elle se prît à repenser aux souvenirs partagés en ces lieux. Elle n'en sélectionna que les meilleurs et s'endormit sans retenue en se les remémorant.

*

Cécile se réveilla en sursaut. Visiblement son sommeil l'avait emmené au-delà d'une simple sieste la nuit enveloppant déjà tout l'alentour. Elle se redressa sur le canapé et resta assise un moment. Toute la maison semblait baigner dans une léthargie que seul la brise marine s'engouffrant par la véranda encore grande ouverte perturbait quelque peu. L'air qui y passait, frais et vivifiant, finît de requinquer complètement Cécile qui décida alors de se lever. Une odeur âcre avait malgré tout envahit la pièce et cela l'intrigua assez pour qu'elle se tienne sur ses gardes. Personne n'avait cru bon de fermer les portes et elle ressentit le besoin d'assurer ses pas. « On ne sait jamais ! » pensa-telle. Arrivée au milieu de la salle à manger, elle entendit des bruits étranges et de sourds grognements. Son appréhension n'était donc pas si dénuée de sens ! Elle avança avec encore plus de précautions. Au fur et à mesure de son approche vers la porte donnant sur le corridor, les grognements se mêlèrent à ce qui ressemblait à des sanglots étouffés. La vision qui s'offrait à ses yeux, faillit la faire chavirer de stupeur. Un chien, toutes canines dehors, se tenait dans l'encablure de la porte d'entrée restée ouverte. Dès qu'il la vît, il se jeta vers elle en aboyant. Cécile eut alors un réflexe qu'elle n'aurait pu soupçonner venant d'elle. Elle empoigna le dossier de la chaise qui se trouvait à ses côtés et la jeta sur le chien qui arrivait sur elle. Emportée par son élan, elle suivit le mouvement s'étalant en même temps que le chien sur le sol du corridor. C'est alors qu'elle aperçut d'où venaient les sanglots. Sa mère, apparemment blessée, était recroquevillée sur les premières marches de l'escalier. Le chien, comprenant que la nouvelle adversaire était bien plus coriace, s'échappa par la porte de la cuisine. Dans un ultime réflexe, Cécile referma la porte sur lui et la bloqua avec la chaise. Sur de la sécurité du lieu, elle se précipita alors vers sa mère qui s'effondra dans ses bras ne retenant plus ses larmes.

« -Merci, merci... j'ai cru qu'il allait me tuer ! » dit-elle le souffle pratiquement coupé.

« - C'est fini maman ... je suis là ... »

Madame s'agrippa soudain si fortement à sa fille que Cécile en fût, malgré la teneur des événements, assez surprise. Elle ne pût réprimer une légère retenue mais répondit pratiquement aussitôt à la demande de soutien de sa mère. Un étrange sentiment l'envahit mais elle attendait ça depuis tellement longtemps qu'elle ne se sentait pas la force de se poser la moindre question ...

Les deux femmes restèrent collées l'une à l'autre pendant de longues minutes avant que Cécile ne prenne la décision d'appeler les secours.

Un troisième jour

1h30 du mat' ! Le moins que l'on puisse dire, c'est qu'ils n'étaient pas pressés ! Deux heures de délai, rien que ça ! La lumière bleue des gyrophares envahissait enfin la cour devant la grande bâtisse aux murs blancs. Cécile avait en attendant prodigués quelques 1ers soins avec les moyens du bord sur la blessure de sa mère. Elle salua vertement les pompiers ainsi que le médecin d'un « bonsoir » bien disgracieux.

« - Vous avez mis le temps !!

- Désolé Madame. Il y a un grave accident de la route sur la rocade et tout le personnel du secteur y est déjà mobilisé ... Nous arrivons directement

- Ah oui ! Je vois ! Un accident de voiture et tout le monde y va !!

- Il y a 3 morts Madame ... »

Cécile regretta immédiatement son comportement et s'en excusa. Compréhensifs, les sauveteurs du soir ne lui en tinrent pas rigueur et s'affairèrent de suite à secourir sa mère. Heureusement plus de peur que de mal, elle en était quitte pour quelques points de sutures selon les premières constatations du médecin du SMUR. Elle n'avait pas voulu que Cécile la laisse tout le temps qu'elles patientaient. Celle-ci insistait pourtant pour nettoyer le corridor avant que les secours n'arrivent mais sa mère préféra qu'elle reste à ses côtés. Les silences se succédèrent mais de temps à autres « maman » posait la main sur l'avant-bras de sa fille et sa tête sur son épaule. Une fois le diagnostic établit et les soins achevés, les secours appelèrent les services de la SPA pour

s'occuper du chien, toujours enfermer dans la cuisine.
Évidemment, l'intervention ne pouvait avoir lieu que le lendemain.

*

A la grande surprise de Cécile, Madame ne voulût pas aller à l'hôpital. En lieu des sutures elle eût donc des straps et un bandage sur ses plaies. Et pour couper court aux réserves du médecin et des pompiers, elle invita sa fille à contacter son infirmière dès le lendemain pour renouveler les pansements et surveiller l'évolution de ses blessures. Madame était décidément faîtes d'un cuir sacrément coriace ! Car hormis la morsure du chien sur son tibia, l'échappée qui s'en suivit pour se réfugier au bas du grand escalier s'accompagna de deux violentes chutes qui amenèrent des ecchymoses bien prononcées ! Mais pour protéger sa fuite, elle avait eu la présence d'esprit de jeter des objets vers la bête finissant de la mettre à distance avec l'un des parapluies qui traînaient à portée. Sacré bout de bonne-femme ! Elle avoua tout de même une frousse du diable et un désarroi convaincu à se retrouver seule pendant des heures face à cet enragé. Heureusement, l'intervention de Cécile vint à point nommé pour la sauver de son triste sort. Celle-ci, après avoir remercié les secouristes et s'être une nouvelle fois excuser de ses mots à leur arrivée, referma les portes de la véranda restées ouvertes puis aida sa mère pour se recoucher. Une toilette succincte fut cependant nécessaire tant la peur et les blessures avaient laissé des traces. Pour le corridor, Madame s'empressa de lui dire que cela pouvait attendre le lendemain, pour ce qu'il restait de la nuit.

Au sortir du cabinet de toilette attenant à la chambre, Catherine demanda à sa fille de rester à ses côtés pour au moins le temps qu'elle s'endorme. Scène quelque peu surréaliste au vu des événements de cette longue journée, les deux femmes s'allongèrent côte-à-côte pour dormir. Cécile, désarçonnée par ce soudain élan de besoin d'elle, et ce malgré que la petite guérilla nocturne fût assez suffisante pour le justifier, chercha désespérément un sommeil qui ne vint jamais. Ressassant sans cesse les images traumatisantes des dernières heures, elle maugréait des « pourquoi » à n'en plus finir, ne sachant qu'elle attitude elle devrait adopter plus tard. De tout ce qu'elle avait vécu jusqu'alors comme désagréments multiples et variés, elle n'eût aucun mal à se persuader que ceux-là étaient à mettre sur le dessus du panier. Sa mère endormie et visiblement apaisée, elle se releva ne pouvant se sentir en paix au milieu de ce tumulte d'idées et de sensations contradictoires. Un café lui aurait fait du bien alors, mais le chien tenait la place. Elle se réfugia dans le salon, prenant un plaid au passage et se coucha tant bien que mal sur l'un des canapés, ne pouvant se résoudre à s'éloigner de sa mère en se réfugiant au 3ème. Allongée face à l'ouest, elle ne vît pas les premières lueurs de l'aube embraser le ciel. Épuisée, elle s'endormit enfin.

*

Cécile se réveilla une nouvelle fois en sursaut. Quelqu'un tambourinait sans ménagements sur la porte d'entrée. Elle pensa de suite à MarieLaine qui prenait son service à 8h pétantes tous les jours. Mais on était dimanche ! Et le dimanche on laissait la bonne profiter de sa famille.

« - J'arrive, j'arrive ! » s'écria Cécile plus pour faire cesser les coups sourds sur le bois que pour répondre à l'huluberlu qui se tenait derrière.

« - Qui est-ce ?

- La SPA Madame ! On nous a appelé pour un chien errant !

- Ah oui ! » .

Elle ouvrit la porte, d'abord un petit peu afin de s'aviser du personnage. La lumière du jour déjà bien avancé aveugla le demi-œil qu'elle glissa au dehors afin de jauger l'apparence du bonhomme. Malgré la gêne, elle convint qu'il avait l'air en tout point de correspondre à la fonction, tout du moins de l'idée qu'elle s'en faisait. Rassurée sur son apparence, elle finit par ouvrir la porte en grand, laissant passer deux gaillards dont la carrure laissa supposer sans doute, qu'ils ne seraient pas impressionnés par un chien, aussi errant soit-il. L'un d'eux lui tendit un papier.

« - C'est le bordereau d'intervention des pompiers. Une copie. On ne peut rien faire sans et vous devez en garder un exemplaire.

- Très bien...

- Il est où ?

- dans la cuisine... »

Les deux préposés préparèrent leur matériel.

« - Vous avez un endroit où vous isoler ? On ne sait jamais. S'il vient à nous échapper autant que vous soyez à l'abri...

- Je serais dans la chambre de ma mère, derrière l'escalier. Vous n'avez besoin de rien ?

- Non Madame, ça va aller, ne vous inquiétez pas. » .

Ces directives énoncées avec un fort accent du sud-ouest mirent fin aux doutes qu'elle aurait pu avoir sur les deux compères tant ce phrasé chantant était agréable à entendre. Cécile se dirigea vers la chambre, bien soulagée de ne pas assister à une scène violente de plus. Sa mère dormait encore. Dix heures tapantes, ce n'était vraiment pas dans ses habitudes ! Il fallait qu'elle soit vraiment bouleversée pour se laisser aller de la sorte. Cécile s'assit à côté d'elle puis se pencha pour vérifier son état. Tout allait pour le mieux visiblement et elle dormait du sommeil du « juste ». Cécile s'arrangea alors un oreiller et se tint à demi couchée la tête contre le bois du haut du lit. Elle resta là sans bouger, attendant la fin de la libération de la cuisine. Elle sursauta en entendant des glapissements et un barouf du diable. S'ensuivit quelques jurons et vociférations diverses qui lui firent penser que tout ne s'était pas passer exactement comme il fallait. Elle se rassit sur le bord du lit attentive à la moindre alerte. Au bout de quelques minutes, on vint frapper, doucement cette fois, à la porte de la chambre.

« - Madame » dit une voix chuchotante « Vous pouvez venir s'il vous plaît ? »

Cécile se leva.

« - Que se passe-t-il ? » demanda Catherine soudain réveillée.

« - Rien, rien. Reste là, c'est la SPA.

- La SPA ? Mais que font-ils ici ?

- Laisse, je m'en occupe. Repose-toi encore un peu en attendant. Je reviens de suite. »

Sa mère se retourna sans un mot. Une vive douleur sembla lui rappeler la raison de la présence des deux agents. Elle émit un léger gémissement puis se recroquevilla sous ses draps. « - Va ma fille, va... ».

Cécile sortit de la chambre en silence. L'un des agents l'attendait derrière la porte. Il lui expliqua que le chien leur avait échappé et qu'il s'était enfui par la porte d'entrée. Son collègue était blessé à la main et ils devaient repartir d'urgence vers un hôpital ouvert. Il s'excusa des dégâts causés dans la cuisine et l'assura qu'elle en serait dédommagée. Cécile se dirigea vers celle-ci pour constater, mais rien de bien utile avait été dégradé hormis la poubelle que le chien avait dépouillée pour y trouver de quoi se nourrir. Le constat fit penser à Cécile que plus que tout autre chose, la pauvre bête cherchait sans doute de quoi rassasier sa faim et elle devait être grande si cela l'avait contraint à côtoyer des humains, ce dont, visiblement, il n'avait plus l'habitude. L'agent se dirigea vers le véhicule dehors où se trouvait déjà son collègue, la main empaquetée dans des linges plus ou moins propres. Cécile leur proposa de quoi faire des soins mais ils déclinèrent, préférant se rendre au plus vite à l'hôpital. Les deux hommes partis, Cécile décida de s'atteler au nettoyage des lieux souillés et de ramasser les morceaux de vaisselles éparpillés dans la cuisine. L'étendue des dégâts la poussa à retourner voir sa mère avant tout, sentant que cela durerait quelques temps. Elle la trouva dans la même position que lorsqu'elle l'avait quittée. Elle ressortit de la chambre sans un bruit et s'enquit de trouver le nécessaire pour jouer la parfaite fée du logis. Tout compris, nettoyage et rangement, cela lui prit deux bonnes heures. Contente du résultat, elle pût s'autoriser une pause bien méritée ainsi qu'un café réconfortant. Elle se rappela les viennoiseries de Marie-Laine et s'en offrit quelques-unes en gage de mérite. Le soleil inondait généreusement les différentes zones de la propriété ce qui annonçait l'heure du midi passée. Tout l'alentour retrouvait soudain une douce sérénité poussant Cécile, toutes ses douceurs avalées, à se poser dans un endroit susceptible de la reposer au mieux. Elle convint sans mal que le bord de la piscine serait idéal pour cela. Ombragée par de grands parasols, déployés autant pour la protection de l'astre du jour que des regards indiscrets, le lieu conférait tous les atouts recherchés. Elle s'installa sur l'un des transats ornés de moelleux coussins. Elle pensa un instant qu'un livre l'aurait agréablement accompagné mais cela l'obligeait à remonter dans sa chambre du 3e étage. Elle se convainquît de l'urgence toute relative de la chose. Celle-ci n'ayant pas droit au chapitre, elle ne tarda pas à contenter son désir de repos bien mérité. Ce farniente sans contraintes horaires se révéla propice à nombre de réflexions, toutes plus complexes les unes que les autres, ce qui fît de ce repos une sorte d'auto-analyse. Sans se sentir pour le moins complice des événements, Cécile se mît à penser que tout ceci paraissait bien difficile à appréhender pour sa petite personne et que le temps serait un allié important pour le faire. S'il fallait observer une continuité aux faits de ces 7 derniers jours, l'évidence n'était pas le terme qu'on aurait pu employer de prime abord. Tout semblait si désordonné dans leur énoncé que tout témoin des différentes scènes aurait émis ce même constat : de la soudaineté de la mort de son père aux révélations du testament, sans oublier les jeux d'acteurs plus ou moins habiles des protagonistes et leurs conséquences, tout concordait à faire de cette tranche de vie partagée un véritable vaudeville. Et même si cela n'avait pas suffi, la péripétie de la nuit avait rajouter le piment nécessaire pour faire du récit quelque chose « d'exploitable », au sens artistique s'entend. Son âme de romancière s'en était aperçu bien sûr, mais, curieusement, elle se refusait à s'imaginer ne jamais écrire quoi que ce soit de tout ça. Son talent s'exerçait en dehors de toutes connotations de son propre vécu, invitant ses lecteurs dans des mondes imaginaires où les atermoiements humains se paraient de plus de simplicité. Ces héros passaient plus de temps à contrer les velléités de monstres plus ou moins sauvages dans des contrées perdues aux paysages bigarrés. Depuis longtemps, la bêtise humaine, pourtant source inépuisable de récits, l'avait lassé d'écrire sur ses congénères. Elle y préférait l'évocation de mondes totalement fictifs ou les contraintes de celui-ci n'avaient pas cours. C'était une véritable échappatoire d'où elle sortait difficilement retrouver les dures réalités de son humanité. Elle se rendit compte soudain que dans son empressement à vouloir profiter d'un moment de totale sérénité, elle était restée dans ces habits depuis plus de 24h et pire, n'avait pas revu les faïences de la moindre salle de bain pour elle-même. Elle se résolut donc à monter les 3 étages vers ses appartements afin de remédier à ce honteux oubli. Elle décida de refermer toutes les issues par précaution et s'apprêtait à gravir les marches du grand escalier quand elle entendit la porte de la chambre de sa mère s'ouvrir. Elle stoppa sur la troisième marche et attendit l'arrivée de Madame.

« - Tu allais monter ? » constata celle-ci

« - Oui... je ne suis pas changé depuis hier et il est grand temps de me rafraîchir ! » répondit Cécile d'un ton amusé.

« - Mais je peux rester si tu as besoin...

- Non, non, va... j'allais me chercher un petit quelque chose à grignoter...

- Dis-moi ce que tu veux, je te l'amène !

- Non, non, vraiment !... Occupe-toi de toi... tu en as bien assez fait et subi depuis hier... prend du temps pour toi, mes blessures sont supportables et j'ai ma canne ! Utile pour le soutien et les chiens sauvage » Et elle marqua ces derniers mots par un petit sourire.

« - Bon... Comme tu veux... je déverrouille la sonnette dans ma chambre... Si quelque chose ne va pas, n'hésites pas ! A tout à l'heure ».

« - Attends !... » Catherine releva la tête vers sa fille et posa sa main sur la sienne.

« - Je n'ai vraiment pas été à la hauteur ces derniers jours et je tiens à m'en excuser... J'ai tellement de choses à me faire pardonner en fait que je ne sais pas par où commencer... Je veux juste que nous nous y prenions autrement toi et moi, si tu veux bien... Je m'aperçois que la seule qui ait été là à me soutenir, même si nos relations ne sont pas parfaites, ça a été toi... j'espère que je pourrais améliorer tout ça avec le temps... » Cécile ne trouva pas grand-chose à dire et pour toute réponse prit sa mère dans ses bras. Les deux femmes s'enlacèrent chaleureusement échangeant quelques sanglots puis se séparèrent sans un mot.

*

Cécile monta les trois étages en comptant chaque marche. Elle reprenait là une habitude de son enfance qui l'amusait beaucoup. Elle pensa que ce doux souvenir pourrait l'aider à faire le tri dans ses pensées mais cela ne lui retira pas le trop-plein de larmes qui s'amoncelait à ses paupières. Elle ne savait plus trop où elle en était. Sa mère l'avait « cueilli » avec ses excuses à l'emporte-pièce ! Et même si le passif était conséquent, sa première idée fût de ne pas rejeter cet élan d'amour maternel. Elle le désirait depuis si longtemps, sans être vraiment dupe, que le voir déclamer de la sorte lui rendait l'analyse difficile. Bien sûr sa mère avait gagné le bénéfice du doute et les prochains jours seraient bien suffisants pour valider tout ça Mais au fond d'elle-même, elle ne pouvait se résoudre à penser que cette démarche était un stratagème pour récupérer l'héritage. Pour avoir vécu des moments difficiles, elle savait que certains aléas de la vie étaient les meilleurs remèdes pour se remettre les pieds sur terre. Sa mère venait d'en faire l'amère expérience ce qui la confortait dans la confiance qu'elle pouvait de nouveau lui porter. Finalement, les larmes n'attendirent pas le troisième étage pour couler. Elle se consola en se disant que c'était peut-être la dernière fois quelles le faisaient ainsi et que les prochaines porteraient le sceau d'immenses joies. Pour en être sûre, elle se fit le serment qu'elle ferait tout pour.

Des jours, des mois, des années ...

Cécile passa les jours suivants entre son nouveau job de patronne et le peaufinage des derniers détails de la succession. Ce qui laissait peu de temps à Catherine pour conforter leurs « nouveaux » rapports. Même les week-ends étaient tronqués, Cécile passant ceux-ci la tête dans la paperasse. Il y avait tant à faire !! Car malgré les préparatifs de son père, reprendre une telle entité sans créer de remous n'était pas une mince affaire ! Elle ne s'accordait que le dimanche pour souffler et encore juste l'après-midi ! Et finalement ce qu'elle voyait comme une montagne infranchissable se révéla au fil du temps plus malléable qu'elle l'avait pensé à première vue. Au bout de deux mois, sans connaître encore toutes les ficelles, elle était capable de prendre et déléguer les décisions avec clarté et s'appuyait pour ça sur une équipe particulièrement efficace. Jean en était d'ailleurs l'un des plus visionnaires et elle pouvait, comme il lui avait promis, se reposer sur lui en toute circonstances. Évoquer son départ, peu de temps après cette passation, fut un déchirement mais l'homme avait depuis longtemps passé l'âge de la retraite et briguait à prendre la suite politique de son ancien collaborateur pour finir sa longue carrière en beauté. La chose fut entendue pour la fin de l'exercice de l'année suivante ce qui lui laissait deux ans pour construire son projet et lancer sa campagne. Entre-temps, Cécile avait repris contact avec Clara afin de lui expliquer les modalités de la succession de son grand-père. Partie au Venezuela pour une mission humanitaire, elle ne pouvait rentrer avant plusieurs mois mais avait promis de revenir sitôt son engagement terminé. Les deux femmes se retrouvèrent alors plus régulièrement par Skype interposés pour en discuter à distance tout en se laissant des moments de partage plus conviviaux. De temps à autres Catherine s'invitait dans les conversations mais Cécile sentait que sa fille avait encore beaucoup de mal. On n'efface pas aussi facilement des années de déchirement. La grand-mère sentant aussi le malaise persistant, se contenta alors d'un « coucou » furtif qui suffisait amplement aux deux, pour le moment... La relation entre Cécile et Catherine s'était de fait grandement attendrie. L'une consciente du mal accumulé sur les dernières années y allait par petites étapes. Les attentions étaient douces et mesurées mais elles étaient visiblement sincères ce qui conforta Cécile, si c'était encore nécessaire, dans l'idée que sa mère avait réellement de belles intentions. Les deux femmes échangeaient régulièrement et de façon très posée sur tout ce qui avait attrait aux affaires du défunt et évoquaient les attitudes des uns et des autres sans arrière-pensées. Elles s'entendaient pour valider le temps perdu par tous ces palabres et s'accordaient à rendre les choses le moins lourd possible pour tout le monde. Il fut décidé notamment d'utiliser la maison, bien trop grande pour elles deux, comme une sorte de gîte pour les voyageurs de passage. On n'était pas loin de la route de Compostelle et le détour n'effrayait pas les pèlerins. Pour ce, Marie-Laine put enfin prétendre à une retraite bien méritée ! En effet la gestion de cette nouvelle utilisation de la maison ne pouvait être mise sur les épaules de sa seule personne et Cécile décida d'employer une société extérieure pour le faire. Ainsi le rez-de-chaussée fut réaménagé : une chambre pour Cécile en lieu et place du bureau de son père largement assez vaste pour ça, le salon réservé pour les « Dames-hôtesses » ne fut pas touché et on transforma la salle à manger en réfectoire. Cécile engagea un cuisinier qui s'adapta aux conditions particulières du gîte (jours travaillés très aléatoires !!). Détaché du self-service de la maison-mère du groupe de presse, celui-ci y trouva une bonne manière d'arrondir ses fins de mois ! Au bout de quelques temps, la demeure résonnait régulièrement de joyeuses tablées, alimentées par une population assez hétéroclite pour un gîte estampillé d'une St Jacques et gardait ainsi l'écho d'un lieu vivant. Marie-Laine, heureuse de voir que la maison reprenait vie, demanda à rester quelques temps ne serait-ce que pour aider le nouveau personnel à prendre pied dans ce labyrinthe. Elle se découvrit ainsi une capacité extraordinaire de délégation même si Cécile dut la pousser à le faire à plusieurs reprises ! Les habitudes de travail en solo ne se perdent pas aussi facilement ! Sur la fin, ses horaires considérablement amoindris, Catherine en profita pour se rapprocher d'elle. Les deux femmes entamèrent une nouvelle relation emprise de respect mutuel même si parfois le « Madame » ressortait sans crier gare. Le sobriquet inventé par les deux sœurs alors qu'elles étaient encore capables de rire de tout ensemble, n'avait pourtant plus beaucoup de raisons d'être évoqué et les deux femmes s'en amusaient maintenant. Ces deux âmes meurtries par des années de réserves inutiles, se retrouvaient dans certaines de leurs douleurs et il n'était pas rare de les surprendre à se réconforter en de sincères et chaleureuses accolades. Au terme de quelques mois de soutien à la bonne tenue de la demeure, Marie-Laine se décida enfin à prendre sa retraite avec le sentiment d'une devoir particulièrement bien accompli. Catherine l'invita plus tard régulièrement et les deux femmes devinrent de véritables amies, un sentiment qu'elles avaient l'une et l'autre rarement connu auparavant. Entre-temps, le lieu se vit gratifié d'un nouvel hôte. Le chien errant, qui avait été le déclencheur d'un bon nombre de changements, réapparut dans le secteur. A la nuit tombée, il commença par errer de ci de là, cherchant avant tout à grappiller quelques restes. Résolue à penser que l'attitude du chien n'était mue que par sa seule faim, Cécile se fendit d'un énorme sac de croquettes et d'une gamelle adéquate pour sustenter le sieur Clébard. A mesure de repas journalier, la compagnie de l'homme redevint une habitude pour l'animal et il finit par intégrer le foyer. Catherine ne le vit pas d'un bon œil au départ mais réussit à prendre sur elle et tout se petit monde finit par s'accepter. Sam, puisqu'il fallait bien lui donner un nom, intégra ainsi le cercle familial et devint un compagnon fidèle et discret de surveillance.

*

Enfin revenue du Venezuela, Clara réapparut parmi les siens. Par petits instants d'abord, le temps « d'apprivoiser » sa grand-mère, puis plus régulièrement, répétant les séjours de plusieurs jours. Elle finit par s'installer dans l'une des chambres du 3e étage relayant ainsi la « tradition » instaurée par sa mère. Jeune femme bourrée d'empathie et d'humanisme, elle multiplia ses « devoirs humains » comme elle aimait à appeler ses différentes actions sociales et reprit ses études en même temps. Vouée à reprendre le flambeau au sein du groupe de son grand-père à la suite de sa mère, elle se devait de parfaire ses connaissances même si la perspective ne l'enchantait guère. Cela prendrait certainement quelques années mais le temps travaillait pour elles et les deux femmes ne se mettaient aucune pression préférant envisager d'autres solutions plutôt que de s'obliger l'une et l'autre. Elle se rapprocha de sa grand-mère. Là aussi petit à petit, mais aider par l'expérience de sa mère, elle se convainquît que c'était possible. Elles faisaient pourtant partie de deux mondes totalement opposés ! Mais chacune sut trouver mots et attitudes qui leur permirent de nouer une amitié qu'elles n'osaient espérer jusqu'alors. Sans être une harmonie absolue, leur relation était empreinte d'un amour sans équivoque et d'une réelle franchise. Rien n'était éludé et elles essayaient autant que possible de discuter de tout sans heurts. Tout ne fut pas parfait, mais à la fin elles trouvèrent un équilibre entre les choses possibles et celles qui resteraient à jamais des illusions. Cécile s'en réjouissait sans retenue et les trois générations de femmes pouvaient dès lors échanger sans à priori donnant à leur « cercle » une cohésion insoupçonnée. La vie s'écoula bientôt sur une onde de plénitude peu évidente au vu du passé de la famille. Les événements se recevaient maintenant avec sérénité et chacun voyait venir l'avenir avec tranquillité.

*

Cécile embrassait du regard l'horizon entre ciel et mer. Son vieil MP3 retrouvé dans son ancienne chambre du 3e étage en était à Bashung et son « La nuit je mens » évocateur. Comme la playlist de cette époque, rien n'avait bougé. Le parapet de pierre surplombant la plage était entretenu régulièrement ainsi que la portion boisée qui y menait depuis la maison. Le sentier avait été aménagé en marches ce qui facilitait son ascension bien que celle-ci était de plus en plus pénible pour elle. Le gîte avait gardé sa fonction finalement mais servait de lieu de vacances au Secours Populaire plusieurs fois dans l'année ce qui respectait la dimension sociale voulue par son père. La mer s'était rapprochée un peu plus. On ne gommait pas aussi facilement les méfaits de l'homme sur l'environnement et les eaux des océans continuaient à monter inexorablement, mais bien moins qu'avant. Les scientifiques s'accordaient à dire que la récession ne viendrait pas avant des décennies mais que nous avions enfin sut préserver les générations futures. Cécile était cependant persuadée que cela n'arriverait pas de son vivant. On entendait parler d'une véritable révolution botanique venue du Sahel menée par un « professeur » sorti de nulle part et aux idées humanistes bien trempées mais elle avait depuis longtemps cessé de croire tous les sorciers de l'environnement, tous capables de changer la face du monde. Celui-là avait l'air en plus de sortir d'un chapeau de magicien ce qui lui conférait un aspect de « Messie » déjà largement galvaudé par ses pairs !

A sa mort, on avait enterré Catherine sous une petite chapelle confectionnée exprès pour elle. Sa dévotion et son attachement s'était traduit de la sorte dans ses dernières volontés et tous s'entendirent pour les honorées. Le promontoire de terre ainsi aménagé faisait face à la mer et était constamment éclairé d'une ou plusieurs bougies selon le nombre de visiteurs. D'aucun prétendait qu'elle se voyait depuis les eaux et que c'était devenu un repère pour la plaisance de loisir.

Clara avait repris la tête du groupe de presse. Sa mère lui en avait passé les rênes après 15 ans de direction. Ayant intégré l'entité quelques années auparavant, elle n'eut aucun mal à appréhender cette monstruosité archaïque à l'heure où la presse avait définitivement enterré l'usage du papier. Mais cela ne se fit pas sans heurts ! Les conflits sociaux qui en découlèrent furent une véritable épreuve pour Clara qui se retrouvait là dans une position pour le moins délicate, tiraillée entre son humanisme débordant et les dures lois du marché. Elle réussit à faire entendre raison à tous en ménageant des solutions pour chaque cas ce qui faillit entraîner la chute du groupe. Finalement l'ensemble tint bon, et reste à ce jour l'un des exemples d'une transition économique réussie. Les nouveaux courants politiques aidant et la prise de conscience collective se perpétuant maintenant de génération en génération, Clara retrouvait dans la société un écho à une certaine philosophie qui s'appliquait à merveille au nouveau visage de l'entreprise. Entre-temps, elle eut le bonheur de trouver l'amour avec l'un de ses anciens potes lycéens retrouvé, Gabriel, et mit au monde deux enfants, un garçon et une fille, Yann et Hope.

Marie-Laine, quant à elle, coula des jours heureux en s'installant définitivement sur l'île de Jersey avec son mari Victor. Ces deux inséparables moururent à quelques mois d'intervalle prolongeant leur idylle exemplaire jusque dans les souvenirs de chacun.

Pour le reste de la famille, les De Légnac, elle s'éparpilla aux quatre coins du globe connaissant des fortunes diverses. Les fils établirent des comptoirs de l'entreprise de leur père dans des régions propices à la surenchère économique ; ils furent rattrapés par l'inéluctable changement de société qui s'opérait mais réussir tout de même à sauver l'essentiel de leur fortune pour s'offrir de jours heureux. Leur père divorça de sa « tendre » épouse et consacra le reste de sa vie, malheureusement assez court, à alimenter sa fibre artistique devenant un peintre reconnu. À sa mort, la reconnaissance de ses pairs valut pour ses proches bien mieux que l'absence de sa seule compagne. Anne, décidée à faire perdurer l'esprit « vieille France » qui lui avait été si bien enseigné, perpétua la rancœur établie contre sa sœur, préférant l'oubli plutôt que le pardon. Elle rongeait, depuis peu, son amertume dans un hospice pour fortunés.

*

James rejoignit Cécile sur le bord du parapet. Il l'enlaça tendrement ce qui provoqua un léger frisson sur le corps de sa compagne.

« - Tu as froid ?

- Non, non ... Tu m'as un peu surprise... » répondit-elle dans un sourire.

« - Il fait bien trop bon pour avoir froid... ».

Il reprit : « Tu sens ? Le fumoir tourne toujours on dirait !?

- Ou bien c'est soirée barbecue chez les voisins ! Arrête de penser que tout ce qui chatouille tes sens olfactifs relève d'une gastronomie ancestrale. Ton goût du terroir te perdra ! » répondit Cécile dans un sourire.

- N'empêche que je mangerais bien du magret fumé moi ! » dit-il en resserrant légèrement son étreinte.

James était le cuisinier engagé lors du changement de statut de la maison. Ils s'étaient rapprochés à mesure des années passées côte à côte et finalement la vie s'arrangea comme une évidence autour de leur relation. Ils avaient décidé de ne pas se marier mais de s'appartenir à part égales ce qui en ces temps était toujours un vrai défi ! La fin de son sacerdoce patronal permit à Cécile de réaliser ses rêves de voyage et James l'accompagna en vieux routard qu'il était. Ils voyagèrent sans discontinuer pendant 7 ans avant de se poser dans une maison sur la côte d'opale. Aujourd'hui, ils partageaient leur temps entre les deux demeures et apportaient leur aide aux nombreuses œuvres présidées par Clara et Gabriel. Leur vie était donc maintenant rythmée par les seuls bonheurs qu'ils leur portaient. Et c'était ce qui leur était arrivé de mieux.

« - Tu veux rentrer ?

- Laisse-moi profiter encore un peu...

- La mer ne bougera pas, tu sais... ni le ciel ! Tout sera là demain...

- Demain ?!... C'est loin demain... ».

Fin.

Rencontres, etc...

La rencontre

La porte s'ouvre massive
Comme un trésor ...

Une ombre sourde s'active
Sur des accords ...

Une brume suave et lascive
De fièvres et d'envies
Inassouvies
Perdues à se suivre ...

Et le miracle ...

Ces cieux amers déchirés
La lumière aveuglante
D'une aparté insoupçonnée
Dans ces lieux matés d'ombre
Une clarté jaillissante
Un rire clair et précieux
Si chatoyant
Si sincère...

Lors que les minutes s'ajoutent
Lors que les heures s'allongent
Que nos temps se confondent
De plus en plus aimants
Je retiens que maintenant,
Quand nous faisons les comptes
Se comptent les années
Et nos précieux instants.

Fol Amor

Désirs subliminaux

C'est un chemin sinueux
De courbes et de patiences
Cette envie qui nous tance
Et rend nos riens précieux
Des attentes de frissons
Et d'azurs éphémères
Le temps d'une prière
Au dénouement incertain ...

Je me vois acquiesçant
Les désirs des autres
Me retrouvant apôtre
De rêves subliminaux
En contre-temps subtils
De patiences rassasiées
En courbes soulignées
Et toutes mes faims utiles

Fol Amor

Mais tu n'y étais pas

...
...
...

J'ai essayé d'arpenter
Les estrades imaginaire
Ou des actrices en volupté
S'invectivent et se perdent

J'ai essayé d'arpenter
Les rues diffuses et glauques
Ou des ombres en aparté
S'enivrent et s'enveloppent

Mais tu n'y étais pas ...

...

Tu te tenais sûrement
Derrière ton soleil
Entre la lune et les angles morts
A chalouper ton corps
Et ternir mon sommeil

Tu te tenais là ou,
Je ne sais te trouver
Je ne sais te chercher
Là ou l'amour est mort
Ou se perdent les merveilles …

Et j'arpente encore des seuils
Des rues et des angles morts
Retournant les soleils
Détournant les lunes
Demandant à chaque ombre
Ou j'ai perdu la tienne …

Fol Amor

Comme je l'aimerai

Je l'aimerai un peu plus jeune que moi, à peine ...
Pour reprendre mes élans là ou son corps les avait laissés ...
Je l'aimerai aimante, un peu plus que moi, à peine ...
Pour reprendre mes amours là où elle les avait laissés ...
Je l'aimerai complice, à l'égal de moi, à peine ...
Pour reprendre mes déserts là où elle les avait laissés ...
Je l'aimerai oui je l'aimerai ...
Car je n'ai d'autres choix pour refleurir le champ de mes élans, mes amours et mes déserts....
Et comme je n'ai d'autres choix pour combler ce vide immense et insalubre,
Cette entité froide ou s'égoutte une à une les perles de mon essence,
J'entends œuvrer pour mes temps ultimes,
Un amour si puissant que même le ciel en demandera l'aumône ...

Fol Amor

Ce si doux réveil

Et voir le soleil se lever
Sur tes paupières mi-closes
Et s'émerveiller encore
De croire en ces instants

Qu'importe les livrées du temps
Qu'importe nos amours passées
La bruine sauvage
Et le soleil glacé
Qu'importe que nos corps
Aient déjà enlacé
Qu'importe que nos lèvres
Se soient déjà mouillées
Chavirer sous la houle
De ces heures divines
Ou nous cherchons encore
Nos mains dans la pénombre
Devisant de nos corps
Frissonnant sous le nombre
De nos envies mutines

Qu'importe les merveilles
Qu'importe les tourments
Je veux à mon réveil
Ne vivre que ces instants.   Fol Amor

Un petit rien de plus

Comme le doute demeure,
A la porte de nos vies,
Nos misères accoudées,
Accrochées malgré nous
Restent à se pencher
Sur nos rêves, nos envies ...

Comme une main nous frôle,
Espoir inattendu,
Révélant le souffle qui reste
A vouloir le reprendre
Et continuer à épandre
Des bonheurs et des joies ...

Comme nos âges s'ébrouent
A ne point le paraître,
Cherchant la jouvence
Dans toute heure sublimée,
Des milliers de raisons,
Lors qu'elle s'allonge et meure ...

Comme ces instants perdus
A se demander si,
L'autre si bien parvenu
Saurait combler le vide ...
Qu'il nous plaise à souffrir
D'aimer la solitude ...

Comme ces chagrins immenses,
Ces souvenirs graciles
Et toutes les humeurs
Promptement oubliées
Qui font la retenue
Dont nos âmes s'habillent ...

Et s'il fallait un cœur
Juste rien qu'un amour
Un petit rien de plus
Limpide et éphémère
Qui nous laverait de tout
Et nous referait nu,
Saurions-nous nous aimer ?...

Fol Amor

Un peu de temps encore...

Un peu de temps encore,
Certes,
Encore un peu de temps

Avant nos abordages éperdus
Et nos envies fugaces...
Un peu de temps encore
Avant l'appartenance
Les rêves sans errances
Ou se sait l'inconnu
Encore ce temps de doute
Ou il faut un peu de lutte
Pour parfaire les instants
Et que perdure l'écho
D'un amour grandissant

Encore un peu de temps
Un peu de temps encore
Mais rien qu'un peu
Rien qu'un peu ...

Fol Amor

Voilà, c'est fini ...

Voilà, c'est fini ...

Il est temps pour moi de conclure ...

Et de paraphraser une nouvelle fois l'un de nos illustres compères chansonniers par cette formule consacrant la fin supposée d'un amour.

Comme si c'était possible !

Comme si terminer d'une seule phrase les histoires incroyables qui nourrissent cette émotion pouvait effacer les traces indélébiles qu'elle laisse en nos seins, et, par la même, le souvenir de celles qui en portent le fardeau. Il serait sans doute bien trop réducteur de vous résumer à cette seule fonction de la vie mais aussi sans doute particulièrement gratifiant ! Devenir des muses éternelles dont le seul but serait de créer ce sentiment si noble et d'en contenter les êtres qui vous côtoient tout au long de votre existence serait un sacerdoce relevant d'une gageure divine ! ... Mais pardon ... N'est-ce pas déjà ce que vous faîtes ?!... N'est-ce pas déjà votre joug désolant qu'il est à vous voir répandre cet amour sans vous soucier d'un quelconque retour et permettre à la multitude inconsciente des mendiants de cette obole d'en recevoir leur comptant. Car voici bien une conclusion sans conteste possible, votre amour est aussi grand que le commun des mortels le reçoit comme un dû et non comme une offrande. Comment ne pas comprendre alors votre désarroi et parfois votre si grande fatigue. Mais, et c'est là encore la preuve s'il le fallait de votre beauté d'âme, ce devoir ne souffre jamais de votre lassitude et même vous en êtes les hérauts quotidiens montrant un exemple en la matière bien plus criant qu'une quelconque religion, serait-elle portée uniquement sur l'amour de son prochain. Encore des louanges me direz-vous !! Oui certes, mais cet ouvrage est fait pour ça !! Il est entre vos mains pour vous gratifier d'un merci chaleureux et d'une reconnaissance actée habituellement du bout des lèvres. Alors le répéter dans cette conclusion m'est tout à fait naturel tant votre œuvre a parfait la mienne.

Merci donc, à toutes celles qui sont présentent en ces pages et qui tiennent en grande part à mon inspiration. Merci aussi à celles qui m'ont donné leur avis sur une partie de ce recueil afin de me conforter dans son idée et d'en faire ce qu'il est aujourd'hui. Merci enfin aux femmes de ma vie, qui pour la plupart d'entre elles se reconnaîtront dans mes mots, me permettant cette vision éclairée de votre condition et me poussant à vous délivrer ce modeste manifeste en guise de reconnaissance. Voilà, c'est fini, certes, mais le meilleur reste sans aucun doute grâce à vous, à venir.

Fol Amor

P.S. : je vous aime (oui, encore !!)

... Introduction .... 5 ...
Un peu de poésie .... 13 ...
Une lettre .... 47 ...
Quelques jours d'une femme 57 ...
Rencontres, etc .... 107 ...
Voilà, c'est fini ! .... 121 ...

Une réédition n'est jamais une chose aisée. J'ai tenté l'exercice en essayant d'être le plus fidèle possible à l'état d'esprit initial de ce recueil.

Du temps a passé depuis sa première parution et certaines vérités n'ont plus le même écho qu'alors. Il en va de ce qu'on écrit comme de ce que l'on vit ; c'est l'expression de moments choisis, exposés comme des clichés, et, parfois, la patine apparaît plus vite qu'on ne voudrait.

J'espère qu'il sera aussi agréable à lire et à relire ...

Bien à vous, Mesdames.

Fol Amor

Milton Keynes UK
Ingram Content Group UK Ltd.
UKHW032328221024
449917UK00004B/299